ENDING NOTE

もしも
の時に安心!
エンディングノート

この"エンディングノート"は
もしもの時に備えて
自分の大切な情報を記しておくノートです。

記入開始日　　　　年　　　月　　　日

名前

もしもの時に安心！ エンディングノート

目次

エンディングノートはこんな時に役立ちます
記入のコツと活用のヒント

第1章
自分のこと…5

自分の基本情報
健康管理について
学歴・職歴について
携帯電話・パソコンについて
Webサイトの ID について

第2章
お金・資産のこと…13

預貯金について
口座引き落としについて
有価証券について
その他の金融資産について
不動産について
年金について
保険について
クレジットカードについて
電子マネーについて
ローン・借入金について
貸付金について
自動車・バイクについて

第3章
家族・親族・友人…27

家族の基本情報
家系図
親族について
友人・知人について
所属団体（グループ）について

第4章
自分の「もしもの時」…37

看護・介護について
告知・終末医療について
葬儀について
お墓・納骨について
遺言書・相続について
あなたの大切な気持ちを上手に伝えるために
相続とは？　遺言書とは？
ペットについて

第5章
自分の大切なもの…51

好きなもの・大切なもの
自分の年表
旅の思い出
家族・友人へのメッセージ
あなたの大切な気持ちを上手に伝えるために
「想いを伝えて、"こころの相続"を」

※免責事項
当書籍で提供する情報や内容を利用することによって生じた、いかなる損害、および問題に対しても、弊社では一切の責任を負いかねますのでご了承ください。

エンディングノートはこんな時に役立ちます！

1

病気、入院、事故など
緊急の時の備忘録として活用できます

2

介護、葬儀、相続、お墓など
いざという時に家族が困りません

3

預貯金、保険、年金、不動産など
**資産について整理すると
マネープランを立てやすくなります**

4

過去、現在、未来…人生の棚卸し
**"自分らしさ"について
見つめ直すことができます**

もしもの時にトラブルにならないために
- エンディングノートに法的な効力はありません
- エンディングノートを書いていることを家族に伝えておきましょう
- 記入した内容や理由について、日頃から家族と話し合っておきましょう

何度書き直してもOK。
記入のコツと活用のヒント

① 書きたいところ、書きやすいところから気軽に書いていきましょう

前から順に書き進める必要はありません。書きたいページ、書きやすい項目など、好きなページから書き始めましょう。一度に全部書かなくてもかまいません。

② 記入した日を書いておきましょう

それぞれのページにある「記入日」の欄に書いた日を記入しておきましょう。後で書き直したり、書き足したりしたら、記入日を修正しましょう。

③ 何度でも書き直し、書き足しOKです

現在のあなたの状況が変わればその度に、修正や訂正をしましょう。鉛筆で書いて、消しゴムで消して書き直してもかまいませんし、修正テープなどを使ってもかまいません。

④ 大切に保管し、定期的に読み返しましょう

資産状況など、大切な情報を記入しておくので、大切に保管しましょう。人間関係や情報は年々変わります。誕生日や記念日などに定期的に見直して、情報を更新していきましょう。

第1章

自分のこと

| 記入日 | 年　　月　　日 |

自分の基本情報

自宅の住所、連絡先や、本籍、基礎年金番号など自分の基本情報を記入します。
ここにまとめて控えておくことで、紛失した時などに役に立ちます。

❖ 基本情報

フリガナ
名前

生年月日	干支
年　　　月　　　日	

現住所　〒

本籍地

電話	FAX	携帯電話

勤務先名／学校名

所在地　〒

電話	FAX

記入日　　　年　　　月　　　日

❖ 保険証、運転免許証、パスポートなど

名　称	記号・番号・その他	保管場所・その他
健康保険証		
介護保険被保険者証		
基礎年金番号		
その他の年金の種類と番号		
運転免許証		
パスポート		

MEMO

第1章 ❖ 自分のこと

第2章 ❖ お金・資産のこと

第3章 ❖ 家族・親族・友人

第4章 ❖ 自分の「もしもの時」

第5章 ❖ 自分の大切なもの

記入日　　年　　月　　日

健康管理について

最近の健康診断、かかりつけの病院、アレルギーなど健康についての情報を記入しましょう。急病など、もしもの時に役に立ちます。

❖ 基本情報

身長	cm	体重	kg	血液型	型　RH（　＋　・　－　）
アレルギー（食べ物・薬剤・その他）や健康上の注意点など					

❖ 最近受けた健康診断

実施日	年　　月　　日
内容・結果で特に注意すること	保管場所・その他

❖ かかりつけの病院・歯科医院・接骨院など

病院名	電話	通院目的・その他
科		
科		
科		
科		
科		
科		

記入日　　　年　　　月　　　日

❖ **過去にかかったことのある大きな病気・けが**

病名・症状	治療・入院期間	治療した病院など
	年　　　月頃〜 年　　　月頃まで	

❖ **持病・常用している薬**

病名・症状	薬の種類（保管場所）	医療機関・担当医	発症年月
			年　　　月
			年　　　月
			年　　　月
			年　　　月
			年　　　月

MEMO（その他、健康上の注意点など）

第1章 ❖ 自分のこと
第2章 ❖ お金・資産のこと
第3章 ❖ 家族・親族・友人
第4章 ❖ 自分の「もしもの時」
第5章 ❖ 自分の大切なもの

記入日　　年　　月　　日

学歴・職歴について

卒業した学校、勤務先を記入します。元号とともに漏らさず記入することで、年金の内容を確認する際に役に立ちます。

元　号	年	月	学歴・職歴
明治・大正 昭和・平成			
明治・大正 昭和・平成			
明治・大正 昭和・平成			
明治・大正 昭和・平成			
明治・大正 昭和・平成			
明治・大正 昭和・平成			
明治・大正 昭和・平成			
明治・大正 昭和・平成			
明治・大正 昭和・平成			
明治・大正 昭和・平成			
明治・大正 昭和・平成			
明治・大正 昭和・平成			
明治・大正 昭和・平成			
明治・大正 昭和・平成			
明治・大正 昭和・平成			

備考

記入日　　　年　　　月　　　日

携帯電話・パソコンについて

携帯電話やパソコンには、人に見られたくない内容や、個人情報がつまっています。もしもの時の、デジタルデータの処理についての希望を記入しておくと安心です。

❖ 携帯電話・スマートフォン

契約会社	携帯電話番号
名義人	携帯メールアドレス
紛失時などの連絡先	
備考（もしもの時、「登録先」「送受信メール」の削除に関する希望など）	

❖ パソコン・タブレット

メーカー・型番	ユーザー名・ログインするパスワード
サポートセンターなどの連絡先	
プロバイダー名	プロバイダーの連絡先
メールアドレス	
備考（もしもの時、「メールアドレス」「送受信メール」の削除に関する希望など）	

第1章 ❖ 自分のこと
第2章 ❖ お金・資産のこと
第3章 ❖ 家族・親族・友人
第4章 ❖ 自分の「もしもの時」
第5章 ❖ 自分の大切なもの

記入日	年	月	日

WebサイトのIDについて

facebook や twitter などソーシャルネットワークサービス、ネットショッピングなどでよく利用するサイトのIDや登録メールアドレスを書いておきましょう。安全のため、パスワードはここに記入せず別で管理することをおすすめします。

利用サイト名		登録メールアドレス	
ID		備考	

利用サイト名		登録メールアドレス	
ID		備考	

利用サイト名		登録メールアドレス	
ID		備考	

利用サイト名		登録メールアドレス	
ID		備考	

利用サイト名		登録メールアドレス	
ID		備考	

利用サイト名		登録メールアドレス	
ID		備考	

利用サイト名		登録メールアドレス	
ID		備考	

利用サイト名		登録メールアドレス	
ID		備考	

第2章

お金・資産のこと

記入日　　年　　月　　日

預貯金について

自分の預貯金の口座を書き出して整理しましょう。
ネットバンク（インターネットの銀行）の口座など、
通帳のない口座も書いておくと便利です。

※暗証番号や通帳、印鑑の保管場所などはここには記入せず、家族などには口頭で伝えておくことをおすすめします。

❖ 預貯金の口座

金融機関	支店名・店番号	預貯金の種類　普通 ・ 定期 ・ その他
口座番号		名義人
備考（Web 用 ID、連絡先など）		

金融機関	支店名・店番号	預貯金の種類　普通 ・ 定期 ・ その他
口座番号		名義人
備考（Web 用 ID、連絡先など）		

金融機関	支店名・店番号	預貯金の種類　普通 ・ 定期 ・ その他
口座番号		名義人
備考（Web 用 ID、連絡先など）		

金融機関	支店名・店番号	預貯金の種類　普通 ・ 定期 ・ その他
口座番号		名義人
備考（Web 用 ID、連絡先など）		

金融機関	支店名・店番号	預貯金の種類　普通 ・ 定期 ・ その他
口座番号		名義人
備考（Web 用 ID、連絡先など）		

記入日　　　年　　　月　　　日

口座引き落としについて

金融機関の口座からの自動引き落とし（口座自動振替）を記入しましょう。人が亡くなると、その人の預貯金口座は凍結され、自動引き落としができなくなるので、家族などが困らないよう整理しておきましょう。

❖ 引き落としの内容と口座の記録

項目	金融機関・支店	口座番号	引き落とし日	備考
電気料金			毎月　　日	
ガス料金			毎月　　日	
水道料金			毎月　　日	
電話料金			毎月　　日	
携帯電話料金			毎月　　日	
NHK受信料			毎月　　日	
クレジットカードの支払い			毎月　　日	
家賃・管理費			毎月　　日	
			毎月　　日	
			毎月　　日	
			毎月　　日	

MEMO

第1章 ❖ 自分のこと
第2章 ❖ お金・資産のこと
第3章 ❖ 家族・親族・友人
第4章 ❖ 自分の「もしもの時」
第5章 ❖ 自分の大切なもの

記入日　　年　　月　　日

有価証券について

株式数、証券口座など、本人以外の人はわからないことも少なくないので、具体的に記入しておくと便利です。

❖ 有価証券の内容と口座など

銘柄	名義人
株式数	証券番号など
証券会社・金融機関名	口座番号
備考（Web用ID、連絡先など）	

銘柄	名義人
株式数	証券番号など
証券会社・金融機関名	口座番号
備考（Web用ID、連絡先など）	

銘柄	名義人
株式数	証券番号など
証券会社・金融機関名	口座番号
備考（Web用ID、連絡先など）	

銘柄	名義人
株式数	証券番号など
証券会社・金融機関名	口座番号
備考（Web用ID、連絡先など）	

記入日　　年　　月　　日

その他の金融資産について

純金積立、ゴルフ会員権など所有する金融資産や、貸し金庫、レンタル倉庫などについて記入するページです。勤務先などの持ち株会などに加入している場合、加入状況なども記入しておきましょう。

❖ その他の金融資産（純金積立・ゴルフ会員権など）

種類・名称・内容	取扱会社	連絡先・備考

❖ 貸し金庫・レンタル倉庫など

契約会社名	電話番号	住所	内容・保管しているものなど

記入日　　年　　月　　日

不動産について

現在、住んでいる自宅、相続で引き継いだ土地・建物、貸している土地・建物など、所有している不動産をすべて書いておきましょう。
一戸建ての場合は、土地と建物を別々に記入しましょう。

❖ 不動産の内容

不動産の種類　□土地　□建物　□マンション・アパート　□その他（　　　　）
名義人（共有者含む）　　　　　　　　　　　持ち分
所在地・地番
抵当権　□設定なし　□設定あり　　備考（面積など）

不動産の種類　□土地　□建物　□マンション・アパート　□その他（　　　　）
名義人（共有者含む）　　　　　　　　　　　持ち分
所在地・地番
抵当権　□設定なし　□設定あり　　備考（面積など）

不動産の種類　□土地　□建物　□マンション・アパート　□その他（　　　　）
名義人（共有者含む）　　　　　　　　　　　持ち分
所在地・地番
抵当権　□設定なし　□設定あり　　備考（面積など）

不動産の種類　□土地　□建物　□マンション・アパート　□その他（　　　　）
名義人（共有者含む）　　　　　　　　　　　持ち分
所在地・地番
抵当権　□設定なし　□設定あり　　備考（面積など）

記入日　　　年　　　月　　　日

年金について

公的年金、私的年金（企業年金や個人年金）を記入します。
申請や死亡時連絡は、公的年金だけでなく、私的年金も忘れずに行いましょう。

❖ 公的年金

基礎年金番号	
加入したことのある年金の種類	□国民年金　□厚生年金　□共済年金　□その他（　　）
受給開始（予定）	年　　　月　　　日
年金証書記号番号	
受給日	毎月の受給金額
年金の受け取り口座	
備考	

❖ 私的年金（企業年金・個人年金など）

名称	連絡先	備考

第1章 ❖ 自分のこと
第2章 ❖ お金・資産のこと
第3章 ❖ 家族・親族・友人
第4章 ❖ 自分の「もしもの時」
第5章 ❖ 自分の大切なもの

記入日　　年　　月　　日

保険について

生命保険、医療保険、火災保険、自動車保険、学資保険など、
契約している保険をまとめて記入しましょう。
入院、火災、交通事故など、主にどのような時に請求するのか
書いておくと、わかりやすくなります。

❖ 保険の内容

	保険会社名	どのような保険か（種類・商品名）	どのような時に請求するか	契約者名	被保険者	保険金受取人
例	プレジデント生命	定期保険Ⅰ類	病気やケガの死亡・入院時	鈴木一郎	鈴木一郎	鈴木慶子
1						
2						
3						
4						
5						
6						
7						
8						
9						
10						
11						
12						

記入日　　　年　　　月　　　日

MEMO

	証券番号	保険期間	保険料	連絡先・担当者	内容（保険金額・特約など）
	1234-5-678	20●●. 1.1～ 20××.12.31	月8000円	0123-45-6789	障害特約　3000円／日 死亡時　　4000万円

第1章 ❖ 自分のこと

第2章 ❖ お金・資産のこと

第3章 ❖ 家族・親族・友人

第4章 ❖ 自分の「もしもの時」

第5章 ❖ 自分の大切なもの

記入日	年　　月　　日

クレジットカードについて

クレジットカードの連絡先を記入します。
不正使用を防ぐため、暗証番号は書かないようにしましょう。
また、カード番号は安全のためここに記入しないようにします。

❖ 各種クレジットカード

カード名称	年会費の有無・金額
紛失時の連絡先	備考（Web 用 ID など）

カード名称	年会費の有無・金額
紛失時の連絡先	備考（Web 用 ID など）

カード名称	年会費の有無・金額
紛失時の連絡先	備考（Web 用 ID など）

カード名称	年会費の有無・金額
紛失時の連絡先	備考（Web 用 ID など）

カード名称	年会費の有無・金額
紛失時の連絡先	備考（Web 用 ID など）

カード名称	年会費の有無・金額
紛失時の連絡先	備考（Web 用 ID など）

記入日　　　年　　月　　日

電子マネーについて

電子マネーやポイントカードは、
紛失してもすぐに連絡すれば残額やポイントを取り戻せる場合もあります。

❖ 各種電子マネー・ポイントカード

カード名称	番　号	紛失時の連絡先

MEMO

記入日　　　年　　　月　　　日

ローン・借入金について

ローンや、知人の借金の保証人になった場合の保証債務を記入します。借入金、保証債務ともに、相続の対象になります。相続する人が詳細を知らないと、トラブルに巻き込まれることもあるので、正確に記入しておきましょう。

❖ ローン・借入金（住宅、教育、自動車、キャッシング）

借入先	連絡先
借入日	借入金額と借入残高
返済期限	借入目的
備考（契約書の保管場所など）	

借入先	連絡先
借入日	借入金額と借入残高
返済期限	借入目的
備考（契約書の保管場所など）	

借入先	連絡先
借入日	借入金額と借入残高
返済期限	借入目的
備考（契約書の保管場所など）	

❖ 保証債務（借金の保証人など）

保証した日	保証した金額
主債務者（お金を借りた人）・連絡先	
債権者（お金を貸した人）・連絡先	
備考（契約書の保管場所など）	

記入日　　　年　　　月　　　日

貸付金について

貸付金について記入します。貸付金は相続財産であり、相続税の対象になります。
備考欄には、貸付理由や利息、返済期限などを書いておきましょう。

❖ 貸付金の記録

貸付先	連絡先
貸付日	貸付金額

返済方法

証書　　□有（保管場所　　　　　　　　　　　　　　　）　□無

返済状況など

備考

貸付先	連絡先
貸付日	貸付金額

返済方法

証書　　□有（保管場所　　　　　　　　　　　　　　　）　□無

返済状況など

備考

MEMO（その他の貸付金など）

第1章 ❖ 自分のこと
第2章 ❖ お金・資産のこと
第3章 ❖ 家族・親族・友人
第4章 ❖ 自分の「もしもの時」
第5章 ❖ 自分の大切なもの

記入日　　年　　月　　日

自動車・バイクについて

あなたのもしもの時に、自動車やバイクの行く末について
家族や親族が困らないようにまとめておきましょう。

❖ 自動車について

駐車している場所
駐車場の管理先　　会社名　　　　　　　　　連絡先
鍵（スペアキー）などの保管先

❖ バイクについて

駐輪している場所
駐輪場の管理先　　会社名　　　　　　　　　連絡先
鍵（スペアキー）などの保管先

MEMO

第3章

家族・親族・友人

記入日　　　年　　　月　　　日

家族の基本情報

　住所、携帯電話の番号、メールアドレスなど、家族について記入します。
携帯電話などの住所録が使えなくなった場合などに備え、記録しておきましょう。

❖ 個々人の情報

フリガナ　名前		続柄	生年月日	年　　月　　日
現住所　〒			血液型	
電話（携帯電話）		FAX		
メールアドレス		勤務先名・学校名		
備考				

フリガナ　名前		続柄	生年月日	年　　月　　日
現住所　〒			血液型	
電話（携帯電話）		FAX		
メールアドレス		勤務先名・学校名		
備考				

フリガナ　名前		続柄	生年月日	年　　月　　日
現住所　〒			血液型	
電話（携帯電話）		FAX		
メールアドレス		勤務先名・学校名		
備考				

フリガナ　名前		続柄	生年月日	年　　月　　日
現住所　〒			血液型	
電話（携帯電話）		FAX		
メールアドレス		勤務先名・学校名		
備考				

フリガナ 名前	続柄	生年月日	年　月　日
現住所　〒		血液型	
電話（携帯電話）	FAX		
メールアドレス	勤務先名・学校名		
備考			

フリガナ 名前	続柄	生年月日	年　月　日
現住所　〒		血液型	
電話（携帯電話）	FAX		
メールアドレス	勤務先名・学校名		
備考			

フリガナ 名前	続柄	生年月日	年　月　日
現住所　〒		血液型	
電話（携帯電話）	FAX		
メールアドレス	勤務先名・学校名		
備考			

フリガナ 名前	続柄	生年月日	年　月　日
現住所　〒		血液型	
電話（携帯電話）	FAX		
メールアドレス	勤務先名・学校名		
備考			

MEMO

第1章 ❖ 自分のこと
第2章 ❖ お金・資産のこと
第3章 ❖ 家族・親族・友人
第4章 ❖ 自分の「もしもの時」
第5章 ❖ 自分の大切なもの

記入日　　　年　　月　　日

家系図

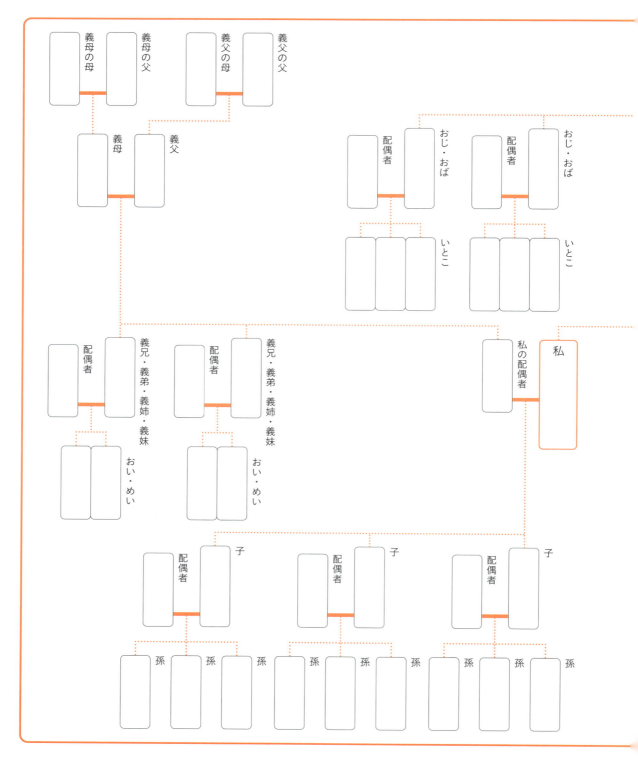

無理にすべての欄を埋めようとせずとも、相続を考える際に役に立つので、自分の法定相続人（P48参照）は最低限、記入しましょう。枠が足りない場合は余白に枠を書き足して記入するようにしましょう。

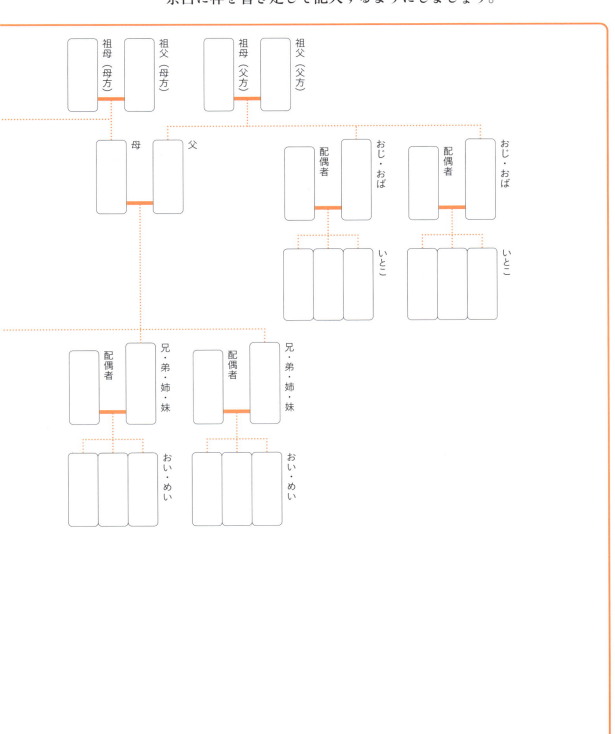

記入日　　年　　月　　日

親族について

親族の連絡先をまとめて記入します。備考の欄には、その人の配偶者や子どもの名前、連絡先、冠婚葬祭などについて具体的に書いておくと便利です。

❖ 個々人の情報

フリガナ	
名前	続柄
現住所　〒	連絡先
入院時連絡　□する □しない □どちらでもよい	葬儀時連絡　□する □しない □どちらでもよい
備考	

フリガナ	
名前	続柄
現住所　〒	連絡先
入院時連絡　□する □しない □どちらでもよい	葬儀時連絡　□する □しない □どちらでもよい
備考	

フリガナ	
名前	続柄
現住所　〒	連絡先
入院時連絡　□する □しない □どちらでもよい	葬儀時連絡　□する □しない □どちらでもよい
備考	

フリガナ	
名前	続柄
現住所　〒	連絡先
入院時連絡　□する □しない □どちらでもよい	葬儀時連絡　□する □しない □どちらでもよい
備考	

フリガナ	
名前	続柄
現住所　〒	連絡先
入院時連絡　□する □しない □どちらでもよい	葬儀時連絡　□する □しない □どちらでもよい
備考	

フリガナ		
名前		続柄
現住所　〒		連絡先
入院時連絡　☐する ☐しない ☐どちらでもよい		葬儀時連絡　☐する ☐しない ☐どちらでもよい
備考		

フリガナ		
名前		続柄
現住所　〒		連絡先
入院時連絡　☐する ☐しない ☐どちらでもよい		葬儀時連絡　☐する ☐しない ☐どちらでもよい
備考		

フリガナ		
名前		続柄
現住所　〒		連絡先
入院時連絡　☐する ☐しない ☐どちらでもよい		葬儀時連絡　☐する ☐しない ☐どちらでもよい
備考		

フリガナ		
名前		続柄
現住所　〒		連絡先
入院時連絡　☐する ☐しない ☐どちらでもよい		葬儀時連絡　☐する ☐しない ☐どちらでもよい
備考		

フリガナ		
名前		続柄
現住所　〒		連絡先
入院時連絡　☐する ☐しない ☐どちらでもよい		葬儀時連絡　☐する ☐しない ☐どちらでもよい
備考		

MEMO

第1章 ❖ 自分のこと

第2章 ❖ お金・資産のこと

第3章 ❖ 家族・親族・友人

第4章 ❖ 自分の「もしもの時」

第5章 ❖ 自分の大切なもの

記入日　　　年　　　月　　　日

友人・知人について

友人、知人の連絡先をまとめて記入しましょう。
大切な知り合いについて、家族がわかるようにフルネームで記入します。

❖ 個々人の情報

フリガナ 名前	関係
現住所　〒	連絡先
葬儀時連絡　☐する ☐しない ☐どちらでもよい	
備考	

フリガナ 名前	関係
現住所　〒	連絡先
葬儀時連絡　☐する ☐しない ☐どちらでもよい	
備考	

フリガナ 名前	関係
現住所　〒	連絡先
葬儀時連絡　☐する ☐しない ☐どちらでもよい	
備考	

フリガナ 名前	関係
現住所　〒	連絡先
葬儀時連絡　☐する ☐しない ☐どちらでもよい	
備考	

フリガナ 名前	関係
現住所　〒	連絡先
葬儀時連絡　☐する ☐しない ☐どちらでもよい	
備考	

フリガナ	
名前	関係
現住所　〒	連絡先
葬儀時連絡　☐する ☐しない ☐どちらでもよい	
備考	

フリガナ	
名前	関係
現住所　〒	連絡先
葬儀時連絡　☐する ☐しない ☐どちらでもよい	
備考	

フリガナ	
名前	関係
現住所　〒	連絡先
葬儀時連絡　☐する ☐しない ☐どちらでもよい	
備考	

フリガナ	
名前	関係
現住所　〒	連絡先
葬儀時連絡　☐する ☐しない ☐どちらでもよい	
備考	

フリガナ	
名前	関係
現住所　〒	連絡先
葬儀時連絡　☐する ☐しない ☐どちらでもよい	
備考	

MEMO

| | 記入日 | 年　　　月　　　日 |

所属団体(グループ)について

趣味のサークルや習い事、同窓会など、所属する団体について記入します。

❖ 各団体（グループ）の情報

名　称	代表者名	連絡先	備　考

MEMO

第4章

自分の「もしもの時」

記入日　　年　　月　　日

看護・介護について

ケガや病気、事故などによって判断する能力が衰えたり、
コミュニケーションがとりづらくなった時のために、
自分の看護・介護についての考えや希望を記入しましょう。

❖ 自分以外の判断が必要な場合、意見を尊重してほしい人は

名前	連絡先

❖ 入院した時に看病をお願いしたい人

□配偶者（名前）	連絡先
□子ども（名前）	連絡先
□その他の人（名前）	連絡先
備考	

❖ 必要となった時に介護をお願いしたい人

□配偶者（名前）	連絡先
□子ども（名前）	連絡先
□その他の人（名前）	連絡先
備考	

❖ 介護してくれる人に伝えたいこと（複数選択可）

- ☐ 自宅で家族にお願いしたい
- ☐ 自宅でヘルパーなどプロに手伝ってもらいながら、家族と過ごしたい
- ☐ 介護施設や、病院に入りたい
- ☐ 家族・親族の判断に任せる

❖ 看護や介護にかかる費用

- ☐ 預貯金や年金など自分の財産から使ってほしい
- ☐ 保険に加入している（保険会社名　　　　保険名　　　　連絡先　　　　）
- ☐ 家族・親族の判断に任せる

❖ 自分で判断が難しくなった時の財産管理

☐ 配偶者（名前）	連絡先
☐ 子ども（名前）	連絡先
☐ その他の人（名前）	連絡先

　　☐ 任意後見人（任意後見契約）　　☐ 代理人（委任契約）　　☐ 特に契約はしていない

備考（任意後見人や代理人に関しては、専門家へご相談ください）

MEMO

| 記入日 | 年 | 月 | 日 |

告知・終末医療について

もしも自分が重病になった時、病名や余命の告知、
意識がなくなった場合の延命治療まで自分の考えがわかるように記入されていれば、
家族やまわりの人の負担を軽くすることができます。

❖ 自分以外の判断が必要な場合、意見を尊重してほしい人は

| 名前 | 連絡先 |

❖ 告知について

☐ 病名も余命も告知しないでほしい

☐ 病名のみ告知希望

☐ 余命が（　　　）カ月以上であれば、病名・余命とも告知希望

☐ 病名・余命とも告知希望

☐ その他

❖ 延命治療について

☐ 最後まで、できる限りの延命治療をしてほしい

☐ 延命治療よりも、苦痛を緩和することを重視してほしい

☐ 回復の見込みがないのであれば、延命治療は打ち切ってしまってかまわない

☐ 尊厳死を希望し、書面を作成している（保管場所　　　　　　　　　　　　　　）

☐ その他

❖ 臓器提供・献体について

- ☐ 臓器提供意思表示カードを持っている（保管場所　　　　　　　　　　）
- ☐ 角膜提供のためアイバンクに登録している（保管場所　　　　　　　　）
- ☐ 献体の登録をしている（登録した団体　　　　　　連絡先　　　　　　）
- ☐ 臓器提供や献体はしたくない
- ☐ 特に考えていない
- ☐ その他

❖ 終末医療について

- ☐ もしもの場合、ホスピスに入りたい
- ☐ ホスピスに入りたくない
- ☐ 特に考えていない

MEMO（その他、特に記しておきたいこと）

記入日　　　年　　　月　　　日

葬儀について

もしもの時のために、葬儀についての自分の考え方を記入しておきましょう。
まだ準備を始めていない人も、
葬儀の希望などイメージできるところから書き始めてみましょう。

❖ 葬儀の実施について

- ☐ 世間並みの一般的な葬儀にしてほしい
- ☐ できれば、盛大な葬儀にしてほしい
- ☐ 実施してほしいが、あまりお金をかけずに
- ☐ 実施しなくてもいい。する場合はなるべく質素に
- ☐ 家族、親族に任せる

❖ 葬儀の宗教について

- ☐ 仏教　☐ キリスト教　☐ 神道　☐ その他の宗教（　　　　　　　　）
- ☐ 無宗教　☐ 家族、親族に任せる

◎菩提寺がある場合や、特定の寺社・教会や宗派を希望する場合
名称　　　　　　　　　　　　連絡先

❖ 葬儀の業者・会場について

- ☐ 特に考えていない
- ☐ 生前予約している（業者名　　　　　　　連絡先　　　　　　　　）
- ☐ 予約はしていないが、希望はある（具体的には　　　　　　　　　）

❖ 葬儀の形式について

- ☐ お通夜　→　葬儀・告別式　→火葬
- ☐ 家族で密葬　→　火葬　→　お別れ会
- ☐ 家族で密葬　→　火葬
- ☐ 葬儀を行わないでほしい（無葬儀・直葬してほしい）
- ☐ その他（　　　　　　　　　　　　　　　　　　　　　　　　　）

❖ 葬儀費用について

- □ 私の財産を使ってほしい
- □ 保険・共済などで工面してほしい
- □ 家族、親族に任せる
- □ その他（想定している予算など　　　　　　　　　　　　　　　　）

❖ 喪主について

名前	連絡先

❖ 戒名（法名）について

- □ 標準的な戒名
- □ 家族、親族に任せる
- □ 戒名はすでに用意してある（戒名　　　　　　　連絡先　　　　　　　）
- □ 戒名に入れてほしい文字がある（　　　　　　　　　　　　　　　　）
- □ 戒名はいらない　　□ その他（　　　　　　　　　　　　　　　　）

❖ 遺影について

- □ 遺影にしてほしい写真がある（なぜ、この写真を選んだのか　　　　）
- □ 特に決めていない
- □ 家族、親族に任せる

❖ 棺に入れてほしいものについて

- □ 希望するものがある（　　　　　　　　　　）　□ 家族、親族に任せる

❖ 祭壇について

- □ 生花祭壇　（花の種類・色　　　　　　　　　）
- □ 白木祭壇　　□ その他、祭壇の希望（　　　　　　　　　　　　　）
- □ 家族、親族に任せる

MEMO（その他、してほしいこと、してほしくないこと。伝えたいメッセージなど）

| 記入日 | 年 | 月 | 日 |

お墓・納骨について

先祖代々のお墓に入るのか、新たに購入するのか、
墓参りなどをする家族、親族のことも考えて記入しましょう。

❖ すでにお墓を用意している

墓地の名称	連絡先
所在地（区画番号）	
墓地使用権者	

❖ 希望するお墓について

- ☐ 先祖代々のお墓
- ☐ すでに購入しているお墓
- ☐ 新たにお墓を購入予定（希望の場所　　　　　　　　　　　　）
- ☐ 合祀の永代供養墓（希望の場所　　　　　　　　　　　　）
- ☐ 納骨堂（希望の場所　　　　　　　　　　　　）
- ☐ 樹木葬墓地（希望の場所　　　　　　　　　　　　）
- ☐ 散骨してほしい（希望の場所　　　　　　　　　　　　）
- ☐ 手元供養にしてほしい
- ☐ 家族、親族に任せる

❖ お墓や納骨にかかる費用について

- ☐ 自分の財産を使ってほしい
- ☐ 保険で用意している（保険名　　　　　　　　連絡先　　　　　　　　）
- ☐ 家族、親族に任せる

❖ お墓、納骨、法要に関する、その他の希望

郵便はがき

１０２８６４１

おそれいりますが
切手を
お貼りください。

東京都千代田区平河町2-16-1
平河町森タワー13階

プレジデント社

書籍編集部 行

フリガナ		生年（西暦）	
氏　名		年	
		男・女	歳
住　所	〒　　　　　　　　　　　　　TEL　　（　　　）		
メールアドレス			
職業または学校名			

　ご記入いただいた個人情報につきましては、アンケート集計、事務連絡や弊社サービスに関するお知らせに利用させていただきます。法令に基づく場合を除き、ご本人の同意を得ることなく他に利用または提供することはありません。個人情報の開示・訂正・削除等についてはお客様相談窓口までお問い合わせください。以上にご同意の上、ご送付ください。
＜お客様相談窓口＞経営企画本部 TEL03-3237-3731
株式会社プレジデント社　個人情報保護管理者　経営企画本部長

第1章 ❖ 自分のこと

第2章 ❖ お金・資産のこと

第3章 ❖ 家族・親族・友人

第4章 ❖ 自分の「もしもの時」

第5章 ❖ 自分の大切なもの

記入日　　年　　月　　日

遺言書・相続について

遺言書を作成しているか、していないかを記入します。遺言書の有無がわからないと、遺された家族や親族が希望と異なる遺産分割協議をしてしまうこともあります。

❖ 遺言書について

□ 遺言書を作成していない

□ 遺言書を作成している
　□ 自筆証書遺言　□ 公正証書遺言　□ その他（　　　　　　　　　　）
　保管場所（　　　　　　　　　　　　　　　　　　　　　　　　　　　）
　一番新しい遺言書を作成した日　　　　年　　月　　日

❖ 遺言執行者

フリガナ 名前	間柄
職業	
住所	
連絡先	
備考	

❖ 依頼・相談している専門家

事務所名	
フリガナ 名前	職業
住所	
連絡先	
主な依頼内容	

❖ 相続についての希望

相続に関する希望や考えていることをメモしておきましょう。家族の参考情報として役立ちます。
※ただし、このエンディングノートに記入したことに、法的な効果は発生しません。
　法的な効果を求める場合は、遺言書を作成することをおすすめします。

あなたの大切な気持ちを上手に伝えるために
相続とは？遺言書とは？

遺された家族、親族にあなたの大切な気持ちを伝えるための、
相続と遺言書の基礎知識です。
法定相続人、遺留分、遺言書の種類を正しく知ってから、
遺言書を作成することをおすすめします。

① 法定相続人

法律で定められた相続人のことです。配偶者がいる場合は、配偶者は必ず法定相続人となります。配偶者に加えて、次のような順で法定相続人が決まります。

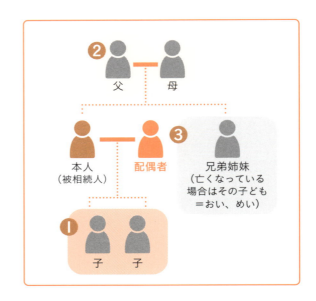

② 法定相続分

法律で定められた相続分のことです。配偶者に対し、「子」「親」「兄弟姉妹」によって割合が異なります。

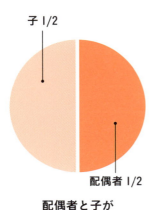

子 1/2
配偶者 1/2

配偶者と子が相続人になる場合

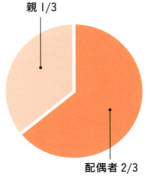

親 1/3
配偶者 2/3

配偶者と親が相続人になる場合

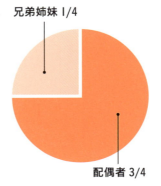

兄弟姉妹 1/4
配偶者 3/4

配偶者と兄弟姉妹が相続人になる場合

③ 遺留分

亡くなった人の意思にかかわらず、法定相続人が一定の割合の財産を主張できる権利です。ただし、認められているのは、「配偶者」「子」「親」のみで、「故人の兄弟、姉妹」には遺留分はありません。

たとえば、遺言書に「（法定相続人ではない）第三者にすべての財産を与える」と書かれていたとしても、配偶者や子、親は、合わせて２分の１の権利を主張できます（ただし、親のみが相続人の場合は、遺留分は３分の１になります）。

● 夫、子のいる女性が、「全財産を財団法人●●に遺贈する」という遺言書を作成した場合

夫と子は、相続財産の２分の１について、遺留分を主張できます。
財団法人●●：夫：子＝1/2：1/4：1/4

④ 遺言書の種類（自筆証書遺言と公正証書遺言）

	自筆証書遺言	公正証書遺言
作成方法の違い	本人が自筆で記す遺言書	公証役場で公証人が作成する遺言書
メリット	● 証人の立ち会いが不要で自分で作成できる ● 何度でも気軽に書き直しができる ● 費用があまりかからない	● 公証人が作成するので法的不備がない ● 原本が公証役場で確実に保管される ● 家庭裁判所の検認手続が不要
デメリット	● 法律で形式が定められていて、ルールを守らないと無効になる恐れがある ● 死後、検認手続が必要となる	● 証人が２人必要となる ● 作成するのに手間、費用がかかる ● 書き直しが気軽にできない

記入日	年　　月　　日

ペットについて

家族の一員であるペットの世話ができなくなる場合を想定して、ペットについての詳細を記入しておきましょう。

❖ ペットの情報

名　前	性別	性別
誕生日	年　　月　　日	年　　月　　日
ペットの種類	犬、猫、鳥、その他（　　　　）	犬、猫、鳥、その他（　　　　）
血統書	☐有　保管場所（　　　　） ☐無	☐有　保管場所（　　　　） ☐無
かかりつけの動物病院		
避妊・去勢手術	☐有　　☐無	☐有　　☐無
いつものフード		
好きなフード		
嫌いなフード		
自分の「もしもの時」	☐できれば　　　　さんに面倒をみてもらいたい ☐家族、親族に一任する	☐できれば　　　　さんに面倒をみてもらいたい ☐家族、親族に一任する
その他		

第5章
自分の大切なもの

記入日　　　年　　　月　　　日

好きなもの・大切なもの

趣味、特技、得意なこと、座右の銘から、好きな食べ物・動物・歌……。
自分自身のことを振り返って、好きなものを書き出しておくと、
エンディングノート全体をまとめる時にも役に立ちます。

❖ 趣味や大切にしていることなど

趣味	特技
得意なこと	不得意なこと
好きな食べ物	苦手な食べ物
好きな動物	苦手な動物
好きな花	好きな色
好きな本	好きな映画

| 記入日 | 年　　月　　日 |

好きなテレビ・ラジオ番組	好きな音楽・歌（カラオケの十八番など）
好きな服	好きな場所、街
尊敬する人	歴史上の好きな人物
座右の銘	生きがい

自分の性格（好きなところ、嫌いなところ。長所、短所）

MEMO

第1章 ❖ 自分のこと

第2章 ❖ お金・資産のこと

第3章 ❖ 家族・親族・友人

第4章 ❖ 自分の「もしもの時」

第5章 ❖ 自分の大切なもの

| 記入日 | 年 | 月 | 日 |

自分の年表

学校生活、仕事など、今も思い出に残っている頃のエピソードを記入します。
当時出会った人や親しくしていた人などもあわせて書いておきましょう。

❖ 生まれた時のこと

生まれた場所	生まれた時
	cm　　　　　　　　g

生まれた時のエピソード

名前の由来

幼い頃、過ごしたところ

幼い頃の思い出

記入日　　　年　　　月　　　日

❖ 特に思い出深い頃のこと

| 歳 〜   歳 |

当時、住んでいたところ

学校・職業など

親しくしていた人

印象に残っていること

| 歳 〜   歳 |

当時、住んでいたところ

学校・職業など

親しくしていた人

印象に残っていること

記入日　　　年　　　月　　　日

❖ 特に思い出深い頃のこと

歳　〜　　　歳	歳　〜　　　歳
当時、住んでいたところ	当時、住んでいたところ
学校・職業など	学校・職業など
親しくしていた人	親しくしていた人
印象に残っていること	印象に残っていること

記入日　　　年　　　月　　　日

旅の思い出

家族での旅行、初めての海外旅行、学校・職場での旅行など、
今も思い出に残っている旅行のエピソードを記入します。
好きな写真などがあれば、P62〜63のメモページに貼るのもいいでしょう。

❖ 旅にまつわるエピソードなど

訪れた場所	訪れた時の年齢

特に印象的だった場所、エピソードなど

訪れた場所	訪れた時の年齢

特に印象的だった場所、エピソードなど

訪れた場所	訪れた時の年齢

特に印象的だった場所、エピソードなど

訪れた場所	訪れた時の年齢

特に印象的だった場所、エピソードなど

第1章 ❖ 自分のこと
第2章 ❖ お金・資産のこと
第3章 ❖ 家族・親族・友人
第4章 ❖ 自分の「もしもの時」
第5章 ❖ 自分の大切なもの

記入日　　　年　　　月　　　日

家族・友人へのメッセージ

家族、親族、大切な友人に伝えたいメッセージを記入しましょう。
今までの付き合いの中での感謝の気持ちを整理してみましょう。

❖ 大切な人へのメッセージ

	さんへ

記入日　　　年　　　月　　　日

	さんへ

記入日　　　年　　　月　　　日

	さんへ

記入日　　　年　　　月　　　日

	さんへ

記入日　　　年　　　月　　　日

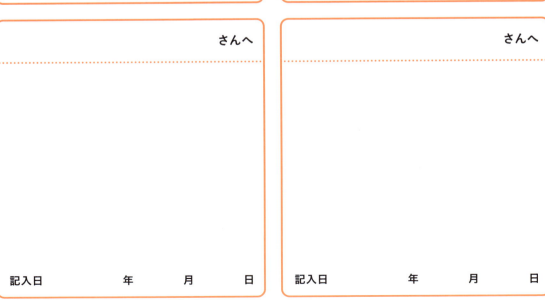

さんへ	さんへ
記入日　　年　　月　　日	記入日　　年　　月　　日
さんへ	さんへ
記入日　　年　　月　　日	記入日　　年　　月　　日
さんへ	さんへ
記入日　　年　　月　　日	記入日　　年　　月　　日

記入日　　　年　　　月　　　日

このエンディングノートの内容を伝えたい人

連絡先

備考

COLUMN

あなたの大切な気持ちを上手に伝えるために

「想いを伝えて、"こころの相続"を」

弁護士・武内優宏

　皆さま、エンディングノートは無事に書き終わりましたか？　エンディングノートは、家族や友人たちにメッセージを残すためのツールです。書き終えた方も、少しずつ書き進めている方も、ぜひ家族や友人たちに感想を伝えてみてください。

　弁護士として活動を続けていると、悲惨な相続紛争を目の当たりにすることも少なくありません。当事者の多くは「ここまで揉めるとは思っていなかった」と口にします。遺された家族や親族にメッセージを残していないと、それぞれが勝手にあなたの気持ちを推測して、「こうしたかったはずだ」という主張をしてきます。それぞれの想いがぶつかりあって、仲が良かったはずの家族が揉めていくというケースも多いのです。相続紛争を防ぐ一番の方法は、家族皆にあなたの想いを伝え理解してもらっておくことです。

　そして、その想いを正式なものとして残しておくため、エンディングノート作成を通じてまとめた想いを「遺言」として作成してみてはいかがでしょうか。エンディングノートに書き込んだことは、残念ながら法的な効力はありません。遺言を作成しておくことで、あなたの気持ちを正式な形で遺族に伝えることが可能になります。遺言作成を検討する場合、気軽に弁護士に相談してみてください。エンディングノートによってあなたの想いが引き継がれていく、そのような"こころの相続"の一助になれば幸いです。

MEMO

記入日　　年　　月　　日

MEMO

記入日　　　年　　　月　　　日

監修者紹介
武内優宏（たけうち・ゆうこう）　弁護士

1980年、東京都生まれ。早稲田大学政治経済学部卒。2007年弁護士登録後、2011年に法律事務所アルシエン開設。債権回収や事業再生など幅広い分野を取り扱う一方、遺言・相続に関する案件や葬儀社の法律顧問業務など、「終活」に関わる法的問題を多く扱っている。また、遺言・相続セミナーなど講演も多数行っている。特に「おひとりさま」からの法律相談、孤独死した方の遺族からの相談に精力的に取り組む。『週刊ダイヤモンド』『日本経済新聞』など多数のメディアにも取り上げられている。著書に『誰も教えてくれなかった「ふつうのお宅」の相続対策ABC』（共著）、『おひとり様おふたり様私たちの相続問題』（いずれも、セブン＆アイ出版）があり、『失敗しないエンディングノートの書き方』（石崎公子・著、法研）を監修している。

「法律事務所アルシエン」Webサイト
https://alcien.jp/

もしもの時に安心！ エンディングノート

2015年 6月12日　第1刷発行
2025年 3月31日　第11刷発行

［監修］
武内優宏

［発行者］
鈴木勝彦

［発行所］
株式会社プレジデント社
〒102-8641 東京都千代田区平河町2-16-1 平河町森タワー
電話：編集（03）3237-3732　販売（03）3237-3731
https://www.president.co.jp

［装幀・本文デザイン］
MARTY inc.

［編集］
プレジデント書籍編集部

［印刷・製本］
萩原印刷株式会社

© 2015 PRESIDENT Inc.
ISBN 978-4-8334-2133-1
Printed in Japan
乱丁・落丁本はおとりかえいたします。
本書の無断複写・複製・転載を禁じます。